Werner Färber

Kleine Geschichten vom Bären Bruno

Illustrationen von Maria Wissmann

Loewe

Die Deutsche Bibliothek – CIP-Einheitsaufnahme

Kleine Geschichten vom Bären Bruno / Werner Färber.
Ill. von Maria Wissmann.
– 1. Aufl. – Bindlach : Loewe, 1998
(Lirum Larum Lesemaus)
ISBN 3-7855-3082-X

Dieses Buch ist auf chlorfrei gebleichtem Papier gedruckt.

ISBN 3-7855-3082-X – 1. Auflage 1998
© 1998 Loewe Verlag GmbH, Bindlach
Umschlagzeichnung: Maria Wissmann
Satz: Leingärtner, Nabburg

Inhalt

Der Großputz

Bruno, der kleine , geht

ans . Er macht die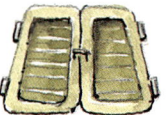

auf. Endlich scheint mal wieder

die . Bruno sieht sich in

seiner  um. „Heute wird

geputzt", sagt er. Der kleine

rollt den  zusammen.

Er bringt ihn nach draußen und

hängt ihn über einen dicken  .

Mit dem  klopft Bruno

den staubigen  aus.

Als der  an der

vorbeikommt, steht Bruno bereits

in einer dicken  . „Kommst

du mit zum  ?", fragt

der  . Er hat sein

und seine  dabei.

„Nein, ich hab zu tun", antwortet

der kleine  . Schon schwingt

er wieder den . „Schade",

sagt der  und geht weiter.

Der kleine  holt einen

und fegt. Dann füllt er einen

und wischt mit dem  alles

sauber. Erst abends lässt sich

Bruno auf sein  sinken.

Müde und zufrieden betrachtet er

die saubere  . Jemand klopft

an die  . „Herein!", ruft Bruno.

„Hallo, Bruno", sagt der  .

„Ich habe zehn  gefangen.

Wollen wir zusammen essen?"

Der  marschiert mit seinen

matschigen  über

den 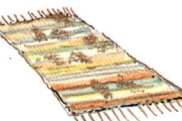 . Das nasse  mit

den  legt er auf den  .

Mit seiner dreckigen

setzt er sich neben Bruno

auf das  . Der kleine

schaut sich schweigend um.

Die  ist fast wieder so

schmutzig wie vorher. Bruno

seufzt: „Vielleicht wäre ich

doch besser mit zum

gekommen."

Der kleine Bär taucht unter

Bruno sitzt hinter einem  .

Er beobachtet die  .

Die duften verlockend. Wenn es so

heiß ist wie heute, sind die

aber besonders reizbar. Soll Bruno

es trotzdem wagen? Er schleicht

sich durch das hohe  heran.

Vorsichtig steckt er seine  in

einen  . „Mhm, lecker",

sagt der kleine  , als er

den  von der  leckt.

Plötzlich schwirren ein paar

um seinen  herum. Sie stechen

den kleinen  in die  .

„Autsch!", ruft Bruno und stößt

beinahe den  um.

Wütend stürzen sich die

auf ihn. So schnell er kann, rennt

der kleine  davon. Die

lassen sich aber nicht abschütteln.

Schließlich erreicht Bruno

den  . Er springt kopfüber

hinein und taucht, so lange er kann.

Dann streckt er vorsichtig den

heraus. Die sind weg.

„Das war knapp", murmelt

der kleine . Erleichtert klettert

er aus dem  und lässt sich

von der  trocknen.

Unentschieden

Bruno schnürt seine .

Er streift die  über und setzt

die  auf. Dann stellt sich

der kleine  ins . Heute

spielen die  aus dem

gegen die  vom .

Der 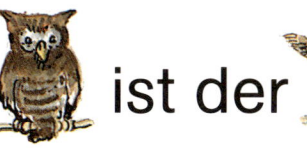 ist der .

23

Er schaut auf die 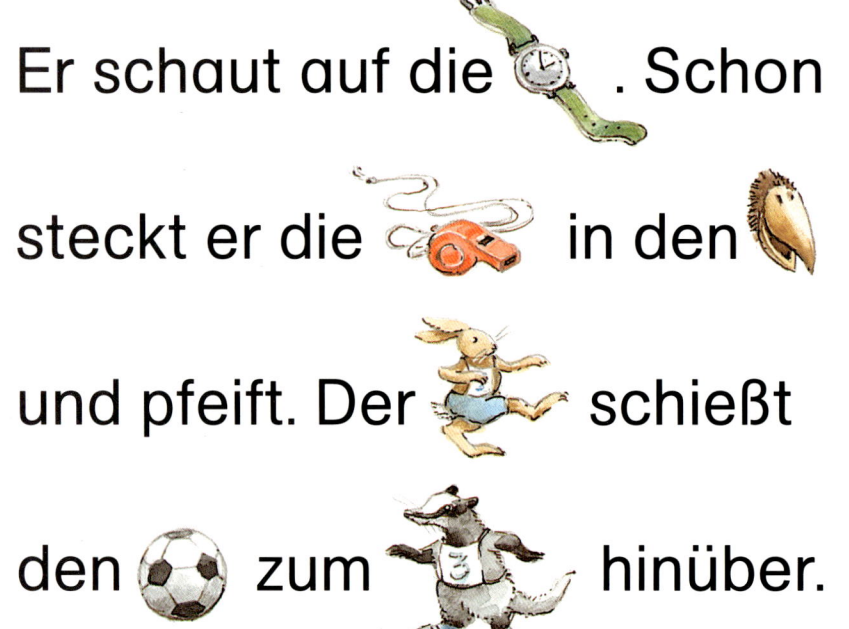 . Schon

steckt er die 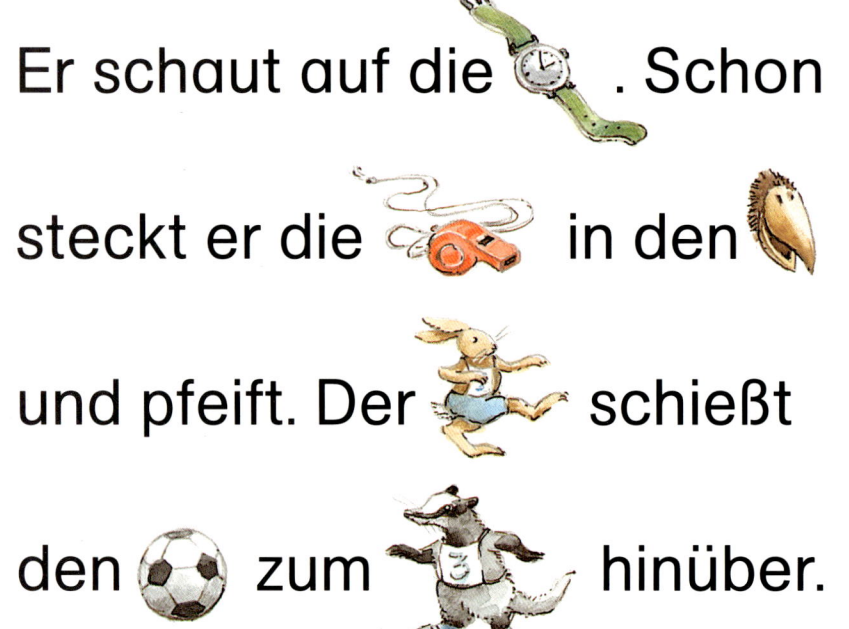 in den

und pfeift. Der schießt

den zum hinüber.

Der  umspielt die

und passt zum . Doch der

erwischt den ⚽ nicht richtig

und verfehlt knapp das .

Schon geht es anders herum.

Das  treibt den ⚽ vor

sich her. „Das 🐴 steht frei!",

ruft Bruno laut. Aber es ist zu spät.

Das  knallt den  unhaltbar

ins  . Der kleine  kann

nichts dagegen tun. „Eins zu null!",

ruft der  und pfeift wieder an.

Schon fliegt der  erneut auf

Bruno zu. Doch diesmal fängt

der kleine  ihn auf. Dann

haut er drauf, so fest er kann.

Die  im anderen  bekommt große 👁️ 👁️. Der ⚽

rast wie eine 🚀 auf sie zu.

Über ihre 🪖 hinweg saust

Brunos ⚽ ins 🥅.

Der  nimmt die in

den   und pfeift. „Eins zu eins!",

ruft er laut. Dabei bleibt es.

Der kleine wird groß gefeiert.

Bruno steckt fest

Neugierig untersucht der kleine

einen hohlen . Ob da

drinnen jemand wohnt? „Huhu!",

ruft Bruno. Nichts. Er kriecht hinein.

Nur noch seine sind zu

sehen. „Puh, ist das dunkel hier

drinnen", sagt der kleine .

Er will rückwärts wieder heraus.

Aber er bleibt stecken. „Hilfe! Ich

komme nicht mehr raus!", ruft er.

Taumelnd richtet sich Bruno auf.

Mit dem   über dem

wankt er hin und her. Er stolpert

über einen  und fällt hin.

Hilflos sitzt der kleine

zwischen matschigen  und

bunten  . Plötzlich hämmert

jemand gegen den  .

„Ist da jemand?", ruft Bruno.

„Ja, der  ! Ich suche .“

Bruno fragt: „Kannst du nicht

den  aufhacken?“ „Mal

sehen, ich versuche es“, antwortet

der  und hämmert los.

Aber schon bald muss der

erschöpft aufgeben.

Schließlich kommt der

vorbei. „Oh, ein  mit ",

sagt er und lacht. „Bitte hilf mir!",

ruft der kleine  verzweifelt.

„Lass mich überlegen", antwortet

der  . Nachdenklich kratzt er

sich hinterm  . Plötzlich weiß

er, wie er Bruno helfen kann.

Er kitzelt ihn einfach an den  .

Der kleine  beginnt zu lachen

und zu zappeln. Der

rollt los und rumpelt über einen

großen  . Es knirscht und

kracht – und Bruno ist wieder frei.

Mein lieber Schwan

Der kleine  steigt in sein .

Gemütlich rudert er den

hinunter. Eine schwimmt mit

ihren ins schützende .

Ein springt von seiner

und taucht davon. Nur der

will Bruno nicht vorbeilassen.

Er plustert sich auf. „Hau ab",

faucht er. „Du hast hier nichts

verloren." Wütend hackt er mit

dem  nach Brunos  .

„He, ich will doch gar nichts von

dir", sagt Bruno erschrocken.

Der  schlägt wild mit

den  . Erst jetzt sieht Bruno

das  , das im  liegt.

Schnell rudert der kleine

weiter um den  nicht mehr

zu stören. Doch der schwimmt

drohend hinter Bruno her.

„Nun beruhige dich doch", sagt

der kleine  und hebt die  .

Es macht „platsch" – und die

fallen in den  . „Geschieht

dir recht", sagt der  und

kehrt zu seinem  zurück.

Bruno treibt hilflos weiter. Der

fließt immer schneller. Das

schwimmt direkt auf einen

zu. „Ich muss mir etwas einfallen

lassen", denkt Bruno aufgeregt.

Da sieht er einen  über

den   ragen. Der kleine

greift nach seinem langen  .

Er schwingt es wie ein  .

Das 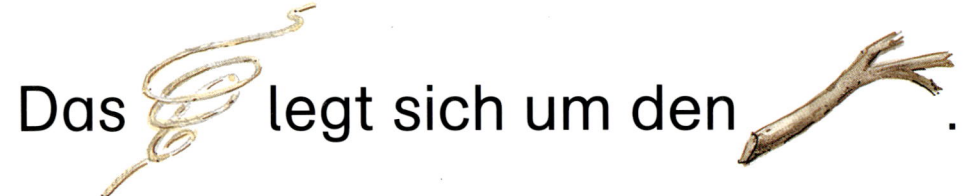 legt sich um den ... .

Jetzt kann Bruno sein  aus

dem  ziehen. Wenig später

fischt er sogar die   heraus.

„Für heute reicht es mir", sagt

der kleine  und trägt das

zu seiner  zurück.

Glück gehabt, Bruno

Der kleine  geht spazieren.

Plötzlich sieht er mitten auf

dem  ein stehen.

Aber wieso sitzt niemand drin?

Und weshalb ist es offen? Bruno

sieht nach links. Niemand zu

sehen. Er sieht nach rechts. Nichts.

Neugierig klettert der kleine

ins  . Sogar der

steckt. Mit seinen 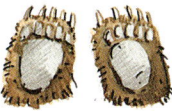 bewegt

er das  . „Brumm, brumm",

macht Bruno. Er probiert alles aus.

Während er die

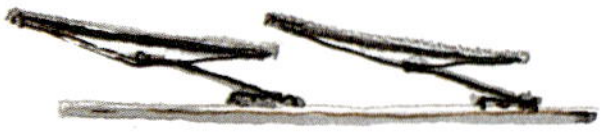

einschaltet, beginnt das zu

rollen. Erst rollt es ganz langsam.

Dann wird es immer schneller.

Als der kleine  begreift, was los

ist, erschrickt er sehr. Er hält sich

mit beiden  am  fest.

Gerade noch rechtzeitig scheucht

er hupend einen  vom  .

Ganz knapp umkurvt er einen  .

Dann kommt ihm ein

entgegen. Bruno reißt das

herum. Endlich entdeckt er

einen  neben dem  .

Er steuert direkt auf den

zu. Kurz bevor er hineinfährt,

schließt der kleine  die  .

Aber das 🛞 lässt er nicht los.

Das  saust in den

und bleibt stehen. Das ist ja noch

mal gut gegangen! Und sogar

das  ist heil geblieben.

Die Wörter zu den Bildern:

 Bär

 Dachs

 Fenster

 Wolke

 Fensterläden

 Fluss

 Sonne

 Netz

 Höhle

 Angel

 Teppich

 Besen

 Ast

 Eimer

 Teppichklopfer

 Lappen

 Sofa

 Gras

 Tür

 Tatze

 Fische

 Honig

 Gummistiefel

 Kopf

 Tisch

 Schnauze

 Hose

 See

 Busch

 Fußball-schuhe

 Bienenkörbe

 Handschuhe

 Bienen

 Mütze

 Tor

 Hase

 Tiere

 Ball

 Wald

 Ziege

 Bauernhof

 Hirsch

 Uhu

 Schwein

 Schiedsrichter

 Pferd

 Uhr

 Kuh

 Pfeife

 Augen

 Schnabel

 Rakete

 Hörner

 Stein

 Baumstamm

 Boot

 Füße

 Ente

 Pilze

 Küken

 Blätter

 Schilf

 Specht

 Frosch

 Würmer

 Seerose

 Fuchs

 Schwan

 Ohr

 Flügel

Nest

Schlüssel

Ruder

Lenkrad

Felsen

Scheiben-
wischer

Seil

Baum

Lasso

Traktor

Weg

Heuhaufen

Auto

Werner Färber wurde 1957 in Wassertrüdingen geboren. Er studierte Anglistik und Sport in Freiburg und Hamburg und unterrichtete anschließend an einer Schule in Schottland. Seit 1985 arbeitet er als freier Übersetzer und schreibt Kinderbücher.

Maria Wissmann wurde 1961 in Berlin geboren und wohnt dort immer noch mit ihrem Mann und ihrem kleinen Sohn. Schon als Kind hat sie gerne gemalt und gezeichnet und sie hat dies nach Abschluss eines Grafik-Design-Studiums 1987 zu ihrem Beruf gemacht. Neben Bilder- und Kinderbüchern illustriert sie Schulbücher und Bildergeschichten für das Kinderfernsehen.